Impressum

Autorin
Penny Ritscher

Übersetzung aus dem Italienischen
Jule Eitel für LUND Languages, Köln

Gestaltung
Simone Hoschack, Gudrun Peschel

Lektorat
Lektorat Berlin, www.lektoratberlin.de

Bildnachweis
Barbara Dietl
Gudrun Peschel (Seiten 20, 22, 25, 56 links/rechts, 59)
Martin Müller-Butz (Seite 29 rechts)

Druckerei
LASERLINE Druckzentrum Berlin
Gedruckt auf chlorfrei gebleichtem Papier

Verlag
Bananenblau – Der Praxisverlag für Pädagogen
E-Mail: info@bananenblau.de
www.bananenblau.de

© Bananenblau 2016
ISBN 978-3-942334-64-8

Die Fotos wurden in den Klax Krippen Raupenhaus und Sonnenhaus aufgenommen.

Penny Ritscher

Mit Krippenkindern im Garten

Lernanlässe im Freien
für Personen von 0 bis 3 Jahren

Vorwort: Aktive Erziehung

Es mag widersinnig erscheinen, die Begriffe »Garten« und »Erziehung« miteinander verbinden zu wollen. Gemäß einer jahrhundertealten Tradition hat Erziehung drinnen stattzufinden, während der Garten der Pause und dem freien Spiel dient. Man meint, drinnen müssten die Abläufe einer bestimmten Ordnung folgen, während im Garten eher Zufälligkeit herrsche. Dass Erzieherinnen drinnen zu entscheiden hätten, was wann gemacht wird, während die Kinder draußen machen dürften, was sie wollen und wann sie es wollen (Hauptsache, sie tun sich dabei nicht weh!). Dass man drinnen für Beschäftigung zu sorgen habe, während der Garten ein Ort des Müßiggangs und der Zerstreuung sei.

Erziehung im Garten ist jedoch kein Widerspruch in sich, sondern führt vielmehr hin zu grundsätzlicheren Überlegungen: Was ist »Erziehung«? Dies ist ein großes, ehrwürdiges und kontroverses Thema, das weit über den Rahmen dieses Buches hinausreicht. Stellen wir also zunächst nur fest, dass der Ansatz, der diesen Seiten zugrunde liegt, der Tradition der »aktiven Erziehung« angehört (welche ebenfalls eine jahrhundertealte Geschichte hat). Kurz gesagt ist dies eine Erziehung, die hauptsächlich auf Erfahrungen und Nachdenken aufbaut, anstatt auf linearen Programmen. Sie findet in jedem Moment und in allen Situationen des täglichen Lebens statt. Sie sieht Bildungseinrichtungen als Lebensgemeinschaften, in die Kinder als vollwertige Personen einbezogen werden.

Aus dieser Perspektive kann der Garten als ein wertvoller und unersetzbarer Lernort betrachtet werden.

Einleitung: Eine kleine Oase

Matsch

Matsch ist leicht zu beschaffen und kostet nichts. Er gehört seit jeher und überall auf der Welt zu den bevorzugten Spielmaterialien.

In den apokryphen Evangelien wird aus der Kindheit von Jesus erzählt, wie er als Vierjähriger mit anderen Kindern am Ufer des Jordans auf dem Boden sitzt und mit Wasser und Erde spielt. Er gräbt eine Reihe von Becken, durch die er mithilfe kleiner Kanäle Flusswasser leitet. Vom Boden der Becken kratzt er Lehm, knetet ihn und formt daraus zwölf Spatzen. Kinder spielten also auch schon vor 2000 Jahren auf diese Weise, das war ganz normal. (M. Craveri (Hrsg.), *I Vangeli apocrifi*, 2005)

Ein alter Mann erzählt in Erinnerung an seine Kindheit am Ende des 19. Jahrhunderts davon, dass sein Lieblingsspiel und das seiner Geschwister darin bestand, im Schatten zu sitzen und aus Matsch Tierfiguren und Männchen zu formen. (G. Gervasio, *Un operaio semplice [Ein einfacher Arbeiter]*, 2011)

»Das Leben im Dorf verlief immer gleich. Die Männer bestellten den Boden, die Frauen droschen die Hirse, die Alten erzählten Geschichten, die Kinder spielten mit Matsch.« So die Erinnerung eines Jugendlichen aus Burkina Faso. (A. Ossorio und A. Zoungrana, *Se entri nel cerchio sei libero [Wenn du in den Kreis trittst, bist du frei]*, 2009)

Zwei fürsorgliche Eltern sagen zu ihrem Kind: »Dieses Jahr wollen wir dir zu Weihnachten einen Traum erfüllen. Welche Spielzeuge magst du denn besonders?« Das Kind antwortet: »Pfützen und Lehm!« (nach einem Cartoon von F. Tonucci, *La solitudine del bambino [Die Einsamkeit des Kindes]*, 1995)

Leider würden viele Kinder heute nicht mehr so weise antworten wie das Kind aus dem Cartoon, weil sie nie die Gelegenheit hatten, mit Matsch zu spielen. Oder weil sie durch Werbung davon überzeugt wurden, ein Spielzeug vorzuziehen, das teuer und gerade in Mode ist.

Zurückgewinnen

Nach dem Erdbeben von 2012 in der italienischen Region Emilia kommentierte ein Journalist: »Nach der Anordnung zur Schließung der Schulen haben sich die Parks mit Kindern gefüllt, die ad libitum spielen. Das gab es schon seit Jahren nicht mehr, nicht einmal an Feiertagen. Die Kinder leben heute verstrickt in einen höllischen Zeitplan, haben Tagesabläufe, die mit eng gesteckten Terminen und sich aneinanderreihenden Verpflichtungen gespickt sind: Schule, Schwimmbad, Kurse hier- und dafür. Die wenigen Momente der Muße, die ihnen dazwischen bleiben, verbringen sie vor einem Bildschirm. Das Ereignis [das Erdbeben] hat diese Abfolge unterbrochen und sie einen Raum wiederentdecken lassen, einen wahrhaftigen Spielraum.« (Wu Ming 1, *La Repubblica*, 02.06.2012)

Die Nachrichtensendungen zeigen in diesen Jahren immer wieder Aufnahmen aus Flüchtlingscamps. In dieser von großen Entbehrungen gekennzeichneten Situation sieht man Kinder, die mit einer fast an ein Wunder grenzenden Resilienz spielen. Sie spielen vor allem mit Matsch.

Universelle Spiele, wie das Matschkneten und -formen, sind im Begriff zu verschwinden. Sie sind wie eine vom Aussterben bedrohte Spezies. Ohne nostalgisch werden zu wollen, ist es nicht nur hilfreich, sondern auch sehr wichtig, darüber nachzudenken: Was an Wertvollem und Lehrreichem ist verloren gegangen? Was sollten wir zurückgewinnen und heute wieder anbieten?

Glücklicherweise brauchen wir kein Erdbeben oder Flüchtlingscamp, um den Reichtum der »einfachen« Spiele wiederzuentdecken.

Der Garten der Kinderkrippe, oder einer jeden anderen Einrichtung für Kinder, kann eine kleine Oase sein, in der Kinder wertvolle und vielfältige Erfahrungen gewinnen. Doch damit dies geschehen kann, ist ein gut durchdachtes und mit den Beteiligten abgestimmtes Lernprojekt erforderlich.

Eine Vorstellung vom Garten

Wie wir das Leben im Garten gestalten, hängt von der (auch impliziten) Vorstellung ab, die wir davon haben. Im Allgemeinen heißt es: Im Garten toben sich die Kinder aus. Sie bewegen sich dort viel und frei und es stellt eine gute Abwechslung dar. Es bedeutet »Zeit an der frischen Luft zu verbringen«, man hält sich im Freien hauptsächlich deswegen auf, weil es gesund ist.

Wie wird die Rolle der Erzieherin im Garten gesehen? Es heißt, ihre Aufgabe sei es, zu beaufsichtigen. Oder zu animieren. Oder didaktische Aktivitäten anzuleiten, wie das Sähen oder das Sammeln von Blättern im Herbst für eine Collage. Von den Erzieherinnen hört man: »Wenn ich mich hinsetze, habe ich das Gefühl, nicht zu arbeiten.«

Diese Klischees sollen zur Debatte gestellt werden. Vorgeschlagen wird, den Garten stattdessen als Lernort für Kinder zu sehen, die intelligent, gesellig und selbstständig sind und die von aufmerksamen Erzieherinnen begleitet werden.

Ankleiden

Bevor es in den Garten geht, steht das Umziehen an. Es handelt sich hierbei um eine Herausforderung für die Erzieherin, denn das Ankleiden vieler Kinder, die diesbezüglich noch nicht selbstständig sind, ist anstrengend, besonders im Winter. Gleichzeitig ist das Anziehen, mit den Augen der Kinder betrachtet, ein neues Forschungsfeld. Es gibt viele interessante Gegenstände zu handhaben: Kleidungsstücke, die je nach Jahreszeit variieren, unterschiedliche Verschlüsse, die es auszuprobieren gilt, Schuhe, die ausgezogen und weggestellt werden müssen, Stiefel, die angezogen werden. Und dann sind da die Wörter, die benutzt werden, während all das getan wird: »Das ist eine Schnalle. Auch *das* ist eine Schnalle ...«

Verschlüsse

Reißverschlüsse interessieren Emil zurzeit besonders. Er hat entdeckt, wie er sie hoch- und herunterziehen kann. Ihm gefällt das leise Geräusch, das sie machen (»ritsch, ratsch«). Während er mit der Lehrerin spricht, zieht er den Reißverschluss ihrer Daunenjacke herunter. Die Lehrerin tut so, als fröstele sie, zieht die Schultern hoch und macht »Brrrr«. Emil zieht ihren Reißverschluss wieder hoch, dann wieder herunter (»Brrr«), wieder hoch, herunter, hoch ...

Marina interessiert sich sehr für Steckverschlüsse. Einen kennt sie vom Sicherheitsgurt im Auto, zwei hat sie an ihrem Rucksack und zwei an ihrem Schneeanzug. Es ist leichter, sie zu schließen (»klick!«) als sie zu öffnen.

Im Katalog der Montessori-Lernmaterialien findet sich eine Reihe von mit Stoff bespannten Rahmen, auf denen unterschiedliche Verschlusstypen befestigt sind: neben Reißverschluss und Steckverschluss, über die sich Emil und Marina freuen würden, gibt es Knöpfe mit Knopflöchern, Druckknöpfe, Schnürsenkel, Klettverschlüsse und Haken. Die Rahmen sind Beweis dafür, wie viel Intelligenz und Handfertigkeit das alltägliche Ankleiden erfordert. Jeder Umkleideraum ist eine wahre Fundgrube für Verschlüsse. Dort haben Verschlüsse auch mehr Sinn, sind sie dort nicht nur zum Üben da, sondern Teil des Alltagskontextes. Darüber hinaus sind Kleidungsstücke persönliche Gegenstände: Beim Anlegen verströmen sie einen »heimeligen Geruch«, sie sind Träger von Zuneigung. Um die Verschlüsse herum entstehen Gespräche (»Sofia, könntest du Marc bitte dabei helfen, seine Kapuze zuzumachen?«, fragt die Erzieherin. »Mach ihm doch bitte die beiden Knöpfe unter dem Kinn zu, es ist windig heute.«).

Um ihr Augenmerk auf den potenziellen Reichtum des uns zur Verfügung stehenden Materials zu lenken, habe ich eine Gruppe von Erzieherinnen gebeten, alle Verschlusstypen aufzulisten, die sie an ihrer Kleidung und ihren Taschen tragen. Das Ergebnis waren mehr als zwanzig Verschlussarten. Neben den klassischen Verschlüssen der Montessori-Rahmen haben wir Typen gefunden, für die wir die Bezeichnung nicht kannten (Schlaufenverschluss? Schnappverschluss? Klickverschluss?). Wir haben uns wie Kinder gefühlt, die die Namen der vielen Dinge, denen sie begegnen, erst noch lernen müssen.

Das Ankleiden vor dem Hinausgehen gehört zu den täglichen Routinehandlungen (wie das Mittagessen, der Toilettengang oder der Mittagsschlaf). Über ihre praktische Funktion hinaus bieten solche Momente aber auch eine Sicherheit vermittelnde Orientierung. Sie verleihen dem Tag eine Struktur, weil sie sich regelmäßig wiederholen. Sie bilden eine Art Ritual.

TIPP

EMPFEHLUNGEN FÜR DIE PRAXIS:

● **Ruhe. Keine Hektik!** Dem Ankleiden die Zeit widmen, »die es braucht«, selbst wenn dies bedeutet, dass weniger Zeit für das Spielen im Garten oder für andere Aktivitäten zur Verfügung steht.

● **Kleine Gruppen.** Durcheinander vermeiden, in kleinen Gruppen ankleiden. Anstatt einen einzigen Umkleideraum für alle zu haben, ist es zweckmäßiger, die Kleidung der einzelnen Gruppen in der Nähe ihrer jeweiligen Gruppenräume unterzubringen.

● **Sitzplatz des Erwachsenen.** Eine bequeme und stabile Sitzposition einnehmen (Schemel, Stuhl, Sofa). Die Erzieherin sollte auf Augenhöhe mit den Kindern sitzen, um von Angesicht zu Angesicht mit ihnen sprechen zu können, während sie ihnen hilft. *(Toni hat ihren Regenhut falsch herum aufgesetzt, mit der großen Krempe im Gesicht anstatt im Nacken. Die Erzieherin setzt sich vor sie hin: »Wir drehen*

den Hut um, sonst siehst du draußen nichts!«). Außerdem tut es dem Rücken nicht gut, wenn die Hilfe beim Ankleiden stehend in gebückter Haltung erfolgt.

● **Erreichbarkeit der Kleidung.** Die Kleidung in einer für die Kinder erreichbaren Höhe aufbewahren, um sie in ihrer Selbstständigkeit zu unterstützen.

● **Gummistiefel.** Die Gummistiefel nahe der Tür zum Garten aufbewahren, um die unausweichliche Verschmutzung des Bodens auf ein Minimum zu reduzieren. Jeden Stiefel mit dem Namen des Kindes beschriften. Damit die Stiefel nicht durcheinander geraten, jedes Paar mit einer Wäscheklammer verbinden. Auch die Wäscheklammer mit dem Namen des Kindes beschriften. Eine Bank bereitstellen, auf der die Kinder zum Wech-seln der Schuhe Platz nehmen können.

Herausforderungen

Im Garten treffen die Kinder auf Herausforderungen. Sie steigen Stufen hoch und herunter, klettern auf umgedrehte Kisten, erklimmen Strohballen oder Bäume.

Ein Baum wurde so beschnitten, dass seine unteren Äste eine »Treppe« bilden. Auf diese zu klettern ist die Leidenschaft von Cecilia, einem lebhaften und ungestümen Mädchen. Auf dem Baum ist Cecilia in ihrem Element, sie bewegt sich flink und konzentriert. Greta schaut ihr voller Bewunderung zu, versucht es ihr nachzumachen und klettert auf die erste Stufe. Dann bekommt sie Angst, möchte umkehren, weiß aber nicht wie. Sie beginnt zu weinen: »Ich will zu meiner Mama ...« Die Erzieherin hält ihr helfend die Hand hin. Greta ist blockiert, auch mit der Hilfe der Erzieherin traut sie sich nicht, wieder herunterzuklettern, sie möchte in den Arm genommen werden. Die Erzieherin ermutigt sie: »Los, komm, das schaffst du, stell deinen Fuß [sie berührt ihn] hier auf diesen Ast. Jetzt streck das andere Bein aus und schon bist du auf dem Boden!« Greta weint noch immer, braucht eine Liebkosung. Die Erzieherin setzt sich auf die Bank neben dem Baum und nimmt das Mädchen auf den Schoß. Sie sagt: »Schau, wie Cecilia herunterklettert, hast du gesehen? Jetzt steigt sie wieder hoch, setzt einen Fuß dahin, wo auch du deinen Fuß hingesetzt hast, dann den anderen Fuß in die Astgabel, die Stelle, an der sich der Stamm in zwei Äste teilt ...«. Gretas Interesse ist wieder geweckt, sie hört auf zu weinen. »Möchtest du es noch einmal versuchen, wenn ich dich begleite?« Das Mädchen zögert, dann nickt es. Von der Erzieherin angeleitet setzt sie erst einen Fuß auf den Ast, dann den anderen ... und strahlt. »Siehst du, du hast es geschafft!«

Der Baum mit den »Stufen« bietet Cecilia die Gelegenheit, ihre überbordende Energie einzusetzen. Greta bietet er die Möglichkeit, sich zu erproben und ihr Selbstwertgefühl zu stärken. Aber ist es nicht gefährlich, auf einen Baum zu klettern? Es kommt darauf an. Wenn Durcheinander und Gedränge herrschen, kann alles zu einer Gefahr werden, nicht nur der Baum. Auch die Kinder selbst können eine Gefahr sein. Ich habe erlebt, wie zwei Kinder wild umherrannten, zusammenstießen und sich gegenseitig verletzten. Objektive Gefahren, wie ein schlecht schließendes Tor, zerbrochene Scheiben oder scharfe Kanten, müssen natürlich beseitigt werden. Andere »Gefahren« wie der Kletterbaum bieten wertvolle Möglichkeiten. Anstatt sie als Gefahren zu bezeichnen, nennen wir sie lieber »kalkuliertes Risiko«. Der Unterschied besteht darin, wie mit ihnen umgegangen wird.

EMPFEHLUNGEN FÜR DIE PRAXIS

- **Gedränge vermeiden.** Abtrennungen verwenden (Hecken, Zäune, Blumenkübel), um den Außenbereich zu gliedern. Jeden Bereich mit verschiedenen Anziehungspunkten ausstatten, sodass die Kinder sich in kleine Gruppen aufteilen, die die Kinder selbst regulieren können.

- **Angebote, die Herausforderungen bergen, auf die Fähigkeiten der Kinder zuschneiden:** Für diejenigen, die erst seit Kurzem laufen können, ist das Erklimmen oder Herabsteigen einer kleinen Stufe schon eine Errungenschaft. Für diejenigen, die mit dem Springen beginnen, braucht es einen größeren Höhenunterschied, etwa ein Mäuerchen. Die größeren Kinder finden es toll, mit dem Dreirad in voller Geschwindigkeit eine Rampe oder einen Hügel herunterzufahren.

- **Gemeinsam mit den Kindern Regeln und Grenzen vereinbaren:** »Cecilia, du bist den Baum zu weit hinaufgeklettert. Du bist über die Markierung hinaus, die wir gemeinsam angebracht haben. Jetzt musst du herunterkommen.«

- **Einen Bereich vorsehen,** in dem die Kleinsten langsam und vorsichtig ihre »Abenteuer« eingehen können, ohne dabei von den Größeren überrannt zu werden.

Entdeckungen

Wer erst seit kurzer Zeit in dieser Welt angekommen ist, der begegnet ständig unbekannten Dingen und muss seine Erkenntnisse kontinuierlich auf einen neuen Stand bringen: ein endloser Prozess. Im Garten erleben die Kinder die Gesetze der Physik. Sie entdecken, dass Gegenstände zu Boden fallen, und dass manche Dinge, wie etwa ein Ball, wieder vom Boden abprallen und andere, wie etwa ein Stein, dies nicht tun. Sie lernen, dass sie, wenn sie von einem Mäuerchen springen, ebenfalls zu Boden fallen (und sich wehtun können).

Die Schaukel

Stefan will eine Schaukel anstoßen, auf der ein anderes Kind sitzt. Er ergreift die Sitzfläche und drückt sie nach vorne, hält sie dort fest und zieht sie dann mit einem Schritt rückwärts wieder nach hinten. Er fährt damit fort, drückt die Sitzfläche nach vorne von sich weg und zieht sie dann wieder an sich heran, drückt, zieht, drückt und zieht. Die Erzieherin schlägt ihm vor: »Stefan, du brauchst die Sitzfläche nicht zurückzuziehen. Du gibst ihr einen Schubs, die Schaukel schwingt nach vorne und kommt von alleine zu dir zurück. Schau mal, so ...« Stefan versucht es: Tatsächlich, es funktioniert!

Die Kraft des Windes

Es ist ein windiger Tag. Die Kinder haben eine leere Plastikschüssel auf der Veranda stehenlassen. Ein Windstoß erfasst die Schüssel, die, da sie leicht ist, über die rauen Fliesen geschoben wird. Dabei entsteht ein Geräusch. Christian dreht sich um und schaut. Die Schüssel bleibt liegen und das Geräusch verstummt. Er ist im Begriff, sich abzuwenden, als sich das Phänomen wiederholt. Wie kommt es, dass sich die Schüssel von alleine bewegt? Irgendetwas stimmt da doch nicht! Seine kurze Erfahrung in dieser Welt hat Christian schon gelehrt, dass sich Gegenstände nicht von selbst bewegen. Sie müssen von jemandem bewegt werden. Um sich zu vergewissern, gibt er der Schüssel einen Tritt, sodass sie geräuschvoll einige Zentimeter über den Boden rutscht. »So muss das sein«, scheint er sich zu sagen. Er will sich gerade abwenden, als ein neuer Windstoß kommt und die Schüssel ins Rutschen bringt.

Ein leerer Blumentopf

Im Garten steht ein großer runder Topf, in den demnächst ein Strauch gesetzt werden soll, derzeit aber noch leer ist. Er besteht aus Plastik und ist daher relativ leicht. Solange noch keine Pflanze hinein kommt, nutzen die Kinder den Topf zum Spielen. Milan zieht ihn einen kleinen Weg entlang, der eine leichte Steigung hat. Als er den Topf einen Augenblick an der Seite abstellt, rollt er überraschend das Gefälle hinab, wobei er eine Kurve beschreibt. Milan schaut ihm neugierig nach. Er zieht den Topf erneut an das obere Ende des Weges und lässt ihn dann mit Absicht los. Doch diesmal bewegt auch er sich den Abhang hinunter, er rennt vor dem herunterrollenden Topf her, und behält ihn über die Schulter im Blick. Der Topf nimmt nicht den gleichen Verlauf wie zuvor, sondern beschreibt eine Kurve in die entgegengesetzte Richtung. Milan beobachtet ihn verblüfft. Er versucht es noch mehrere Male: Manchmal rollt der Topf auf die eine Seite, manchmal auf die andere.

Durch das Spielen mit Gegenständen werden Gedanken angestoßen, beispielsweise: Wie ist es möglich, dass ich, ein kleines Kind, einen so großen Topf ziehen kann? Warum bleibt der Topf nicht da liegen, wo ich ihn abstelle? Warum rollt der Topf nicht auf geradem Weg den Berg hinunter? Warum macht er nicht immer die gleiche Kurve?

Wie kann man Kindern helfen, das Neue, dem sie begegnen, zu verstehen? Bleibt man an ihrer Seite, kann man ihre Verblüffung aufnehmen, mit ihnen sprechen, im richtigen Moment die richtigen Wörter liefern. Man kann ihr Denkvermögen mit altersgerechter Komplexität anspornen.

Zum Beispiel: Es war der Wind, der die Schüssel bewegt hat! Der Wind ist Luft, die sich bewegt, manchmal schneller, manchmal langsamer. Wir können auch ein bisschen Wind machen, mit unserem Atem. Spürst du den leichten Wind, wenn ich auf deine Hand puste? Ist es nur die Schüssel, die sich heute bewegt? Schau, die Baumwipfel, wie sie sich biegen. Ein Stück Papier flattert. Eine Mütze fliegt davon. Und warum wird der Lieferwagen nicht auch vom Wind davongetragen?

An der Schaukel hat Stefan das Pendelprinzip erfahren. Christian hat die Kraft des Windes erlebt. Milan hat herausgefunden, dass runde Gegenstände an einem Gefälle ohne Anstoß von außen ins Rollen kommen können. Wie können solche Entdeckungen beim autonomen Spiel der Kinder gefördert werden?

TIPP

EMPFEHLUNGEN FÜR DIE PRAXIS:

- **Zuerst die Anzahl der strukturierten Spielzeuge beschränken.** An ihrer Stelle einfache und verschiedenartige Materialien zur Verfügung stellen, etwa Töpfe und andere leere Gefäße.

- Ausgedehnte Zeiten zum Spielen gewährleisten.

- **Gedränge vermeiden.** Geschützte Räume schaffen, in denen die Kinder in Untergruppen spielen und sich auf das konzentrieren können, was sie tun.

- **Anregungen schöpfen aus dem, was gerade geschieht.** Sieht man die Kinder beispielsweise mit einem leeren Topf spielen, sollte man dies zum Anlass nehmen, weitere Gefäße zu besorgen.

Begegnungen mit der Natur

Im Garten begegnen die Kinder der Natur, die eine unerschöpfliche Quelle für Entdeckungen ist. Hier begegnen sie Wasser in seinen verschiedenen Formen (Regen, Pfützen, Schnee). Sie begegnen Pflanzen: Wiesenblumen, Beeren oder einer verblühten Schwertlilie. Sie begegnen kleinen Tieren: Kellerasseln, Schnecken und Regenwürmern.

Wasser: Eine Pfütze

In der Nacht hat es ein Gewitter gegeben, im Garten hat sich in einer Vertiefung eine große Pfütze gebildet. Ein Kind nähert sich neugierig. Die Erzieherin beobachtet dies, ohne gleich zu intervenieren. Eva hat Schaufel und Eimerchen in der Hand, sie wollte damit im Sand spielen. Sie hockt sich neben die Pfütze und scheint sich zu fragen, ob sie mit der Schaufel im Wasser graben kann. Sie zögert und versucht es dann. Es gelingt ihr, ein wenig Wasser aus der Pfütze in den Eimer zu befördern. Dann setzt sie

sich direkt am Rande der Pfütze auf den Boden und auch ein Stückchen ins Wasser. Zu spät, jetzt ist sie nass. Die Erzieherin beschließt, sie spielen zu lassen und ihr später beim Umziehen zu helfen. Andere Kinder kommen hinzu. Eines trägt ein Töpfchen aus dem Spielhaus, füllt es mit Wasser und transportiert es zurück ins Häuschen, um damit zu »kochen«.

TIPP

EMPFEHLUNGEN FÜR DIE PRAXIS

- Für den Aufenthalt im Garten abgetragene Kleidung bereithalten, die problemlos schmutzig gemacht werden darf.

- Den Kindern beibringen, wie sie ohne zu spritzen durch Pfützen laufen können, da sie sich sonst mit Schlamm beschmutzen.

- Ein bisschen Wasser gelangt wahrscheinlich trotz Vorsicht in die Stiefel. Wenn das Wetter es erlaubt, Stiefel an der Sonne trocknen lassen. Andernfalls auf die Heizung stellen oder mit dem Fön trocknen (ein Vorgang, der die Kinder fasziniert).

- Einen Wäscheständer nahe der Heizung oder in der Sonne postieren, um eventuell nass gewordene Kleidungsstücke trocknen zu können.

Pflanzen: Eine verblühte Schwertlilie

Gemeinsam mit der Erzieherin betrachten einige Kinder das Schwertlilien-beet. Die Blüten beginnen zu verwelken. Elias berührt eine von ihnen: »Das klebt! Warum klebt das?« – »Weil sie anfängt zu verfaulen.« Der Junge betrachtet seine Hand: »Die ist lila! Warum ist die lila?« – »Das ist die Farbe der Blüte. Sie färbt deine Hand, weil sie dabei ist, zu verfaulen.« Elias reibt sich kräftig die Hände: »Ich will meine Hand sauber machen!« – »Du kannst sie dir später waschen, wenn wir ins Bad gehen. Hier hast du erstmal ein Taschentuch, daran kannst du sie dir abwischen.«

Tierchen: Eine Kellerassel

Im Garten fällt Tom ein kleines graues Tierchen auf, das über einen Gully-deckel läuft. Als er es berührt, rollt sich das Tierchen zu einer Kugel zusam-men und bewegt sich nicht mehr. Tom zeigt es der Erzieherin. »Das ist eine Kellerassel«, erklärt sie, »sie rollt sich zu einer Kugel zusammen, wenn sie Angst hat.« Tom stupst es mit einem Stöckchen an. »Lassen wir es in Ruhe und schauen, was es macht!«, schlägt die Erzieherin vor. Nach einer Weile rollt sich die Kellerassel wieder auf, streckt sich, überquert den Gullydeckel und verliert sich auf der anderen Seite im Gras.

Ein Regenwurm

Alexander und Leo finden beim Graben im Garten einen Regenwurm. Alexander nimmt ihn in die Hand. »Der ist schmutzig«, sagt Leo, »komm, wir baden ihn.« Sie befüllen ein Schüsselchen mit Wasser und legen den

Regenwurm hinein. Alexander zieht ihn aus dem Wasser und lässt ihn zwischen den Fingern baumeln. »Siehst du, wie sauber er jetzt ist?« Sie tragen den Regenwurm im Garten umher, um ihn allen zu zeigen. Die Erzieherin bewundert ihn und sagt dann: »Der Regenwurm wäscht sich nicht so wie wir. Er braucht Erde, sonst stirbt er. Seht ihr, wie er sich windet? Er versucht, wieder zurück in die Erde zu kommen.« Die Kinder legen den Regenwurm auf den Boden und hocken sich zusammen mit der Erzieherin um ihn herum. Sie schauen ihm zu, während er sich Stück für Stück in die Erde gräbt und schließlich im Boden verschwindet.

Viele Kleinlebewesen sind im Garten »zu Hause«. Es sind keine Streicheltiere wie unsere Haustiere und auf manch einen wirken sie vielleicht abstoßend. Wie Kinder sich solchen Lebewesen gegenüber verhalten, hängt ganz wesentlich damit zusammen, wie wir sie bei ihren Erfahrungen begleiten. Wir können einen neugierigen und respektvollen Umgang mit Kleinlebewesen vermitteln, ohne moralisierend zu sein. »Lassen wir sie in Frieden«, empfiehlt die Erzieherin in Bezug auf die Kellerassel. »Er braucht Erde«, erklärt sie im Hinblick auf den Regenwurm.

Projekte der Kinder

Mit der Logik eines Erwachsenen betrachtet, mutet das kontinuierliche Kommen und Gehen der Kinder im Garten vielleicht wie ein sinnloses Hin und Her an. Schauen wir jedoch genauer hin, wie durch ein Zoomobjektiv, entdecken wir, dass alles – oder fast alles – in diesem Gewimmel einen Sinn hat. In der Mehrzahl der Fälle handelt es sich um Mikroprojekte, welche die Kinder geduldig und entschlossen vorantreiben.

Dinosaurier versorgen

In einem Korb im Garten liegen Dinosaurierfiguren aus Kunststoff. Sie sind hart, kantig und von furchterregendem Aussehen. Normalerweise benutzen die Kinder [Jungen] sie für Scheinkämpfe aus Gebrüll und Drohgebärden. Sonja hebt einen der Dinosaurier aus dem Korb und nimmt ihn wie ein Junges auf den Arm. Sie trägt ihn zu einem Tisch am Ende des Gartens und setzt ihn dort so ab, dass er den spielenden Kindern »zuschauen« kann. Sie kehrt zum Korb zurück, nimmt eine weitere Figur heraus, und dann noch eine. Stück für Stück bringt sie sie zu dem Tisch und stellt sie in einer Linie nebeneinander auf. Dann holt sie einen kleinen Topf aus dem Spielhaus und macht sich auf die Suche nach etwas zu Essen für die Tiere. Sie rupft ein paar Grashalme und pflückt einige Blätter von der Hecke. Als das Töpfchen voll ist, kehrt sie zu den Dinosauriern zurück und füttert sie einen nach dem anderen.

Das Gänseblümchen

Die Kinder bohren mit den Fingern viele kleine Löcher um ein einzeln stehendes Gänseblümchen herum in den Boden. In jedes der Löcher stellen sie ein Gänseblümchen, das sie anderswo im Garten gepflückt haben, als wollten sie dafür sorgen, dass die einzelne Blume Gesellschaft hat.

Der »Krater«

Seit einigen Monaten ist im Garten ein etwa zehn Zentimeter tiefer kleiner Krater entstanden. Jeden Tag wird er ein paar Millimeter tiefer. Nicht etwa die Erde gibt nach, es ist das Werk der Kinder, die den Krater mit den Händen gegraben haben. Er ist eine laufende Baustelle, die Kinder kommen und gehen. Mit den Fingern kratzen sie nach und nach die Erde um einen Stein herum weg, den sie geduldig auszugraben versuchen.

Diese Beispiele zeigen emsige, zielgerichtete und fokussierte Kinder. Die umsorgten Dinosaurierfiguren, das umringte Gänseblümchen, der ausgescharrte »Krater« sind nur einige Beispiele für Projekte, die von den Kindern selbst geplant und durchgeführt wurden. Ihre Projekte können individuell sein (wie im Falle von Sonja mit den Dinosauriern) oder die einer Gruppe (wie im Fall der Löcher oder des Kraters). Es sind kurzlebige Projekte, die bald von anderen Vorhaben überholt werden, in einem endlosen Prozess führt eins zum anderen. Man kann sich fragen, ob es »produktive« Projekte sind. Die Antwort ist unzweifelhaft Ja. Das, was die Kinder mit ihren Projekten »produzieren«, mag kaum sichtbar sein, doch ist es von grundlegender Bedeutung. Denn es ist die Fähigkeit, Projekte zu entwickeln und sie, entweder alleine oder gemeinsam mit anderen, zu verwirklichen.

EMPFEHLUNGEN FÜR DIE PRAXIS

- Um zu verstehen, was den »vielbeschäftigten« Kindern durch den Kopf geht, still in ihrer Nähe Platz nehmen.

- Fotos von den Kindern machen, während sie »bei der Arbeit« sind. Diese danach gemeinsam mit den Kindern kommentieren.

- Einfache Materialien zur Verfügung stellen, um die Vorhaben der Kinder zu unterstützen. Ein portables Set zusammenstellen, das im Garten immer dabei ist: ein Kistchen mit Löffeln zum Graben und verschiedenen kleinen Behältnissen, wie beispielsweise Joghurtbecher.

- Die Kinder vor dem Hineingehen daran beteiligen, alle herumliegenden Gegenstände einzusammeln. Kaputte Gegenstände entsorgen und ersetzen. Einen festen Platz für das portable Set festlegen, sodass es immer auffindbar ist.

- Mit den Kindern Bereiche im Garten festlegen, in denen die Löcher, die sie graben, nicht zu Stolperfallen werden. Beispielsweise neben einem Busch.

Miteinander spielen und sprechen

Durch die Interaktionen im Garten entwickeln die Kinder soziale Kompetenzen: Sie lernen, miteinander zu spielen und zu sprechen. Die ersten Spiele, die entstehen, sind sehr einfach und bestehen aus wortlosen Interaktionen.

Ein Geschenk

Chiara sammelt zwei Kastanien vom Boden auf. Sie hält sie in der Hand und trägt sie herum. Dann sieht sie Olivia, die auf einer Stufe sitzt. Sie nähert sich ihr und bietet ihr die Kastanien an.

Kuckuck

Chiara ist im Spielhaus. Anton kommt und späht durch das Fenster. Er lächelt sie an. Als Chiara sich aus seinem Blickfeld heraus bewegt, beklagt Anton dies. Chiara verlässt das Häuschen, kommt um die Ecke und zeigt sich Anton, der lächelt. Chiara verschwindet wieder um die Ecke, dann erscheint sie erneut. Anton lacht. Ein Kuckuck-Spiel ist entstanden.

Während sie allmählich größer werden, entwickeln die Kinder immer komplexere Spiele und sprechen beim Spielen miteinander.

Die glücklichen Regenwürmer

Alexander hält eine Schüssel mit zwei Regenwürmern in den Händen. »Komm, Emma, wir gehen in unser Haus.« Im Häuschen stellt er die Schüssel mit den Regenwürmern auf den Tisch. »Schau, sind sie nicht schön?« – »Ja, mein Kind!«, sagt Emma in mütterlichem Ton und gibt ihm einen Kuss auf den Kopf. »Schau mal, Emma, sie spielen. Sie sind glücklich.« – »Ja, sie sind glücklich.«, »Das ist der Papa«, sagt Alexander und zeigt auf einen der Würmer, »und das ist das Kind.« – »Genau«, stimmt Emma ihm zu. Die Kinder verlassen das Häuschen und tragen die beiden Regenwürmer spazieren. Sie zeigen sie ihren Freunden. Dann kehren sie miteinander tuschelnd zurück »nach Hause«. Adrian schaut mit einer anderen Schüssel in den Händen zur Tür herein. Alexander schaut ihn an. »Was hast du da?« – »Erde«, »Erde?«, entgegnet Alexander in geringschätzigem Ton, »ich habe Regenwürmer!«

EINE EMPFEHLUNG FÜR DIE PRAXIS

- Charakteristisch für den Alltag in einer Kinderkrippe ist es, dass viele Kinder »auf einem Haufen« sind. Im Garten sind es meist sogar zu viele. Es entstehen Momente des Durcheinanders, der Überblick geht verloren. Damit die sozialen Interaktionen wirklich fruchtbar sein können, muss der Garten gut organisiert sein. Darauf wird im zweiten Teil dieses Buches eingegangen.

Was tun die Erwachsenen?

Die Kinder beobachten das, was die Erwachsenen tun und nehmen auf ihre Weise daran teil. Am Fenster schauen sie dem Gärtner bewundernd beim Rasenmähen zu. Sie helfen ihm beim Gießen. Gemeinsam mit ihrem Opa pflanzen sie Kräuter ins Kräuterbeet. Sie imitieren das, was die Erzieherin tut.

Ein Holzklotz zum Sitzen

Zum Spielen liegen einige kleinere Baumstümpfe im Garten. Die Erzieherin nimmt einen davon, trägt ihn in die Nähe einer Gruppe von Kindern, die mit Wasser und Sand manschen, und benutzt ihn als Schemel, um sich zu ihnen zu setzen. Kim möchte sich auch auf einen Baumstumpf setzen, wie die Erzieherin. Sie läuft los, um sich einen zu holen. Sie hebt ihn an und lässt ihn, da er schwer ist, wieder fallen. »Warte, Kim«, ruft die Erzieherin, die ihre Schwierigkeiten bemerkt, »ich gebe dir meinen, der ist leichter. Ich nehme dafür deinen. Du wirst sehen, jetzt schaffst du es.« Sie tauscht die Baumstümpfe aus und geht zurück an ihren Platz. Kim hebt den neuen Baumstumpf an und schleppt ihn ein paar Schritte weit, doch rutscht er ihr langsam aus den Händen. Sie setzt ihn ab und versucht, ihn besser zu greifen. »Los, Kim, du schaffst das!« Kim versucht es erneut, macht ein paar Schritte vorwärts, und noch ein paar. »Halte durch, Kim, wir schaffen das!« Schnaufend kommt Kim bei der Erzieherin an und lässt ihren Holzklotz fallen. »Toll gemacht! Wir haben es geschafft. Kim hat ein Stühlchen.« Das Mädchen richtet den Baumstumpf auf und nimmt, sehr zufrieden mit sich, darauf Platz, genau wie die Erzieherin.

Hecke gießen

Der Gärtner ist dabei, eine Hecke zu wässern, die erst vor Kurzem in der Nähe des Bereichs für die kleinsten Kinder gepflanzt worden ist. Die Kleinen beobachten ihn. Anton nähert sich dem Schlauch und streckt eine Hand danach aus. »Möchtest du auch gießen?«, fragt ihn der Gärtner und hält ihm den Schlauch hin. Anton zögert und schaut die Erzieherin an, die ihm zustimmend zunickt: »Nimm.« Der Gärtner legt ihm den Schlauch in die Hand und zeigt auf den Bereich am Boden, wo das Wasser hin soll. »Das machst du sehr gut!« Lorenz kommt hinzu, in der einen Hand ein Gießkännchen, mit der anderen hilft er, den Schlauch zu halten und beteiligt sich so zweifach. Vor lauter Konzentration drückt er die Zunge fest gegen die Innenseite seiner Backe und verzieht den Mund. »Achtung Lorenz, tritt einen Schritt zur Seite, sonst gießt Anton auch dich!« Begleitet von der Erzieherin bringt Chiara ein halbes Glas Wasser, das beim Essen übrig geblieben ist ...

Jenseits des Gartenzauns

Jenseits des Gartenzauns existiert eine soziale Welt, die den Garten umgibt und reich an Mikroereignissen ist, die neugierig machen. Die Kinder halten sich am Zaun auf, beobachten, kommentieren, nehmen Kontakt auf. Über den Zaun hinweg entstehen Gespräche und Beziehungen.

Einige Begegnungen wiederholen sich regelmäßig. Wenn die Kinder hinaus in den Garten gehen, haben sie schon die Erwartung, den Faden wieder aufzunehmen. Andere Begegnungen sind überraschend.

Zu den regelmäßigen Begegnungen gehören zum Beispiel:

Der Briefträger

Der Briefträger kommt auf dem Fahrrad angeradelt, seine Jacke ist gelb und schwarz und auch sein Fahrrad ist gelb. Der Briefträger stellt sein Fahrrad ab, übergibt die Post dem Pförtner gegenüber der Krippe, steigt wieder auf sein Fahrrad und fährt davon.

Der Müllwagen

Jeden zweiten Tag kommt der große Lastwagen der Müllabfuhr. Er macht viel Krach, die Kinder hören ihn schon aus der Ferne, noch bevor sie ihn sehen können. Der Müllwagen hält, hebt eine Mülltonne nach der anderen hoch, leert sie und stellt sie wieder am Straßenrand ab. Die Kinder folgen ihm mit dem Blick, während er sich geräuschvoll entfernt.

Die Baustelle

An den Garten grenzt eine Baustelle. Die Bauarbeiter tragen gelbe Helme auf dem Kopf und benutzen große, laute Maschinen, mit denen sie die Erde ausheben. Die Kinder gehen an den Zaun, um sie zu begrüßen, und die Arbeiter grüßen zurück.

Die Sitzbänke

Von einer Ecke des Gartens aus sieht man zwei Sitzbänke, auf denen ältere Menschen während ihres Morgenspaziergangs häufig eine Pause einlegen. Marc besitzt einen Ball, der weich ist, weil ihm Luft fehlt. Er versucht, ihn durch den Lattenzaun zu drücken. Es macht den Anschein, als wolle er die Senioren zum Spielen einladen. Der Ball bleibt zwischen den Latten stecken. Marc kann ihn weder vor- noch zurückbewegen. Einer der Herren lächelt und befreit den Ball, indem er ihn auf seine Seite zieht. Dann drückt er ihn wieder zwischen den Latten hindurch zu Marc. Dieser Austausch setzt sich eine Weile fort ... Es entsteht ein kleiner Dialog zwischen den Generationen, der jeden Tag wieder aufgenommen wird.

Jenseits des Gartenzauns geschehen auch unerwartete Mikroereignisse, welche die Aufmerksamkeit der Kinder fesseln, wie beispielsweise:

Der Hubschrauber

Das Motorengeräusch eines vorbeifliegenden Hubschraubers ist zu hören, aber er ist nicht zu sehen. Die Kinder halten inne, um zu lauschen. Johann

ist perplex. »Das ist ein Hubschrauber, der vorbeifliegt«, erklärt die Erzieherin, »wir können ihn nicht sehen, weil er sich hinter dem hohen Haus dort befindet.« Später bleibt Johann an der Stelle stehen, an der er das Hubschraubergeräusch gehört hat und zeigt in den Himmel. »Ein Hubschrauber ist vorbeigeflogen«, bestätigt die Erzieherin, »aber wir haben ihn nicht gesehen, weil er hinter dem Haus war.«

Baumschnitt

Im Garten vor der Krippe sind Arbeiter zugange, sie stehen auf der Plattform eines Krans und beschneiden die Bäume. Susanne klettert auf die Rutsche, um sie besser sehen zu können.

Tauben

Die Tauben, die im Garten waren, sind beim Eintreffen der Kinder erschrocken weggeflogen. Rafael zeigt auf einen entfernten Balkon, der sich hinter einer Baumkrone befindet. Die Erzieherin schaut in die von Rafael angegebene Richtung, versteht aber nicht, was er meint. Rafael bleibt beharrlich. Endlich sieht es auch die Erzieherin: Eine der Tauben ist auf dem Balkon gelandet!

Was tun, um den Begegnungen der Kinder mit der Umwelt Bedeutung zu verleihen?

EMPFEHLUNGEN FÜR DIE PRAXIS

- Die Kinder begleiten, in ihrer Nähe bleiben, ihre Begegnungen nachempfinden, gemeinsam über das sprechen, was geschieht, im richtigen Moment die richtigen Worte liefern: Hubschrauber, Kran, Beschneiden, Taube, Balkon, Briefträger, Fahrrad, Müllabfuhr, Mülltonnen, Senioren, Baustelle, Arbeiter, Helm ...

- Bei den Vorbereitungen zum Hinausgehen mit den Kindern darüber sprechen, welchen Personen sie wahrscheinlich heute begegnen oder welche Ereignisse vielleicht geschehen werden (»Heute ist es ein bisschen windig. Mal sehen, ob die alten Herren trotzdem kommen.«).

- Im Nachhinein mit den Kindern darüber sprechen, welche Begegnungen sie hatten.

- Fotos von dem machen, was sich jenseits des Gartenzauns befindet. Die Fotos gemeinsam kommentieren.

- Die Fotos am Eingang aufhängen, sodass die Eltern diese sehen und gemeinsam mit ihren Kindern kommentieren können.

Den im ersten Teil dieses Buches beschriebenen Erfahrungen geht ein Lernprojekt voraus. Der Garten wird kontinuierlich geplant, gestaltet und neu konzeptioniert.

Raumaufteilung

Damit Erfahrungen fruchtbar sein können, ist innen wie außen die Raumaufteilung entscheidend.

Vorbereiten

Oft müssen wir in Außenbereichen arbeiten, die nicht sehr durchdacht sind oder die von Personen geplant wurden, die wenig direkte Erfahrung mit Kleinkindern aufweisen (zu große Bereiche, zu große Installationen ...). Doch können wir nach und nach Verbesserungen daran vornehmen.

TIPP

EMPFEHLUNGEN FÜR DIE PRAXIS

- Gedränge und auch Weitläufigkeit vermeiden.

- Den Raum außen so wie innen nach dem gleichen Prinzip aufteilen: Hecken, Lattenzäune, Mäuerchen, Blumenkübel und andere
  Gegenstände als Abtrennungen verwenden, um intimere Bereiche
  zu schaffen. Bei der Aufteilung des Außenbereichs sind natürlich
  die Sicherheitsvorschriften zu beachten und Fluchtwege sicherzu-
  stellen. Die Einrichtung von Abtrennungen ist auch mit denjenigen
  abzustimmen, die den Außenbereich instand halten (Trassen für
  den Rasenmäher vorsehen!).

- Die Anzahl der Kinder begrenzen, die sich zur selben Zeit in einem
  bestimmten Bereich aufhalten.

- Einen geschützten Bereich für die Kleinsten schaffen, eventuell von
  einem niedrigen Lattenzäunchen umgeben, an dem sie sich fest-
  halten können.

- Über den Garten verteilt verschiedenartige Anziehungspunkte schaffen: eine Stelle zum Buddeln, ein für die Kinder zugänglicher Wasserhahn, Rückzugsorte (ein Ring aus Stämmen, ein Versteck unter einem Busch), Strohballen oder Baumstämme zum hinauf- und hinunterklettern.

- Sitzbänke und Sitzgelegenheiten für Erwachsene und Kinder vorsehen. Sie stellen Möglichkeiten zum Ausruhen oder auch zum Hinauf- und Hinunterklettern dar.

- Materialien zum »Beschäftigen« bereitstellen, wie beispielweise Gartenwerkzeug für die Arbeit im Gemüsegarten oder zum Spielen, Kartons und Kisten zum Herumschieben, Stapeln, Befüllen, Ausleeren oder zum Hineinsetzen.

- Für jede Gruppe ein Gartenset zusammenstellen: einen Behälter, der Löffel zum Graben und verschiedene kleine Behältnisse (Schälchen, Joghurtbecher etc.) enthält. Vor dem Hineingehen alles einsammeln, gegebenenfalls kaputte Gegenstände entsorgen, das Set in der Nähe der Außentür aufbewahren.

- Außerdem ein Sitzkissen, Papiertaschentücher und einen Mülleimer für die gebrauchten Taschentücher und andere Abfälle mit hinausnehmen.

Pflanzen

Die wichtigsten Einrichtungsgegenstände in einem Garten sind die lebenden: die Pflanzen. Sie leisten uns Gesellschaft, wachsen, ändern mit den Jahreszeiten ihr Äußeres, wie wir entwickeln sie sich ständig weiter. Sie sind eine unerschöpfliche Quelle für Entdeckungen, schaffen ein eigenes Mikro-Ambiente und sind Lebensraum vieler Kleinlebewesen. Unter jedem Busch existiert eine kleine Welt.

EMPFEHLUNGEN FÜR DIE PRAXIS

- Widerstandsfähige und pflegeleichte Pflanzen wählen. Rat bei einem örtlichen Baumschulenmitarbeiter einholen, der die zu dem lokalen Klima und zur spezifischen Bodenbeschaffenheit passenden Pflanzen kennt.

- Giftige und stechende Pflanzen vermeiden.

- Auf biologische Vielfalt achten. Auch eine Hecke kann aus verschiedenen Pflanzen bestehen.

- Laubabwerfende Bäume bevorzugen. Im Sommer spenden sie Schatten, im Winter lassen sie das Sonnenlicht passieren. Die heruntergefallenen Blätter werden zum Spielmaterial. Eine kleine Schubkarre und Kinder-Laubrechen bereitstellen.

- Obstbäume eignen sich gut. Im Sinne der biologischen Vielfalt alte, vergessene und wenig gängige Sorten erhalten.

- Es kann einen Gemüsegarten geben, der eventuell in Zusammenarbeit mit den Großeltern oder anderen Familienangehörigen der Kinder angelegt und gepflegt wird. Praktisch sind zwei Gemüsegärten: einer, in dem Gemüse wächst und ein anderer, der »brach liegt« und in dem die Kinder mit der umgegrabenen Erde manschen können. Im Gemüsegarten finden sich Regenwürmer.

- Beim Rasenmähen einen kleinen Bereich unangetastet lassen, damit eine Wiese entstehen und zum Blühen kommen kann. Auch Rasenschnitt ist ein Spielmaterial.

Pflegen

Wie die Innenbereiche sollten auch die Außenbereiche schön und gepflegt sein.

- Besteht die Umfriedung aus einem Maschendrahtzaun, diesen mit Kletterpflanzen und/oder einer Hecke verschönern.

- Zum Schmücken ein Blumenbeet oder mehrere Blumenbeete anlegen. Ausdauernde Pflanzen (Veilchen, Narzissen, Schwertlilien ...) sind praktisch, weil sie fast keiner Pflege bedürfen. Blumenbeete lassen Vorfreude entstehen (»Kommt, wir schauen, ob die Narzissen bei diesem schönen Wetter schon sprießen.«).

- Jeden Tag, bevor die Kinder in den Garten kommen, Papiermüll (oder anderen Müll) aufsammeln, der von außerhalb in den Garten gelangt ist (was leider geschieht).

- Kehren, wo es nötig ist (Innenhof, Spielhaus).

- Vor dem Hineingehen alles gemeinsam mit den Kindern aufräumen. Dies zu einer Art Ritual werden lassen.

Die Rolle der Erzieherin

In seinem Buch *Herz* (1886) beschreibt Edmondo De Amicis das Treiben im Garten eines »Kinderasyls« folgendermaßen:

Und währenddem gab es da und dort tausend Unglücksfälle, so daß die Lehrerinnen hinzuliefen: Mädchen, welche weinten, weil sie einen Knoten im Taschentuch nicht auflösen konnten, andere, welche mit Kratzen und Kreischen um zwei halbe Äpfel stritten, ein Knabe, der mit Gesicht und Bauch auf ein umgestürztes Bänkchen gefallen war und über dieses Unglück schluchzte, ohne sich wieder erheben zu können ...«.

Die Vorstellung, im Garten entspreche die Rolle einer Erzieherin der einer Aufsichtsperson, ist jahrhundertealt. Sie hat zu stehen und ständig in Bewegung zu sein, die Lage zu kontrollieren und einzugreifen, wenn es ein Problem gibt. Die Zeiten haben sich geändert, doch diese Vorstellung besteht weiter. In Wirklichkeit ist die Arbeit der Erzieherin im Freien mindestens so anspruchsvoll und komplex, wie sie es drinnen ist. Versuchen wir, uns eine umfassendere Vorstellung davon zu machen. Die Präsenz der Erzieherin ist entscheidend. Sie sollte sich in der Nähe der Kinder aufhalten (jedoch nicht zu nah), aufmerksam und zur Hilfe bereit sein. Auch wenn sie »nur« zuschaut, bietet sie allein durch ihre Anwesenheit einen wichtigen Bezugspunkt.

»Schau mal, was ich gefunden habe!«, ruft Lisa aus, während sie auf die Erzieherin zuläuft.

Die Erzieherin interagiert ständig und, je nach Situation, auf sehr unterschiedliche Weise mit den Kindern.

Begleiten

Emilia krabbelt eine niedrige Stufe hinauf zu dem Geländer, das den Bereich der Kleinsten umgibt. Sie hält sich am Handlauf fest und zieht sich daran hoch, bis sie steht. Dann dreht sie sich zu der Erzieherin herum und strahlt. Sie macht eine Bewegung in Richtung Stufe, hält dann aber unschlüssig inne. Wenn sie den Handlauf loslässt, wird sie hinfallen. Das Problem vorhersehend hat die Erzieherin unterhalb der Stufe bereits eine Matratze postiert. Sie erwartet das Mädchen mit ausgebreiteten Armen. »Was hast du vor? Möchtest du herunterkommen?« Emilia lässt den Handlauf los und fällt hin. »Plumps!«, ruft die Erzieherin und nimmt sie in den Arm. Einen Moment später klettert Emilia die Stufe wieder hinauf.

Ermutigen und Trösten

Alma ist vom Trittbrett am Rand des Sandkastens gefallen. Sie hat sich nicht wehgetan, ist jedoch erschrocken und weint. Die Erzieherin streckt ihr die Hand hin, um ihr beim Aufstehen zu helfen. »Ich will zu meiner Mama ... Mama ... «, beharrt Alma. Die Erzieherin nimmt sie in den Arm und Alma entspannt sich ein wenig. Nach einigen Momenten der Liebkosung bietet die Erzieherin ihr einen Löffel an. »Wollen wir den Eimer mit Sand füllen?« Alma antwortet nicht. »Ein Löffel für mich und einen für dich?« Alma rührt sich nicht. Die Erzieherin beginnt, Sand in das Eimerchen zu löffeln. Alma schaut zu, zögert, dann bückt sie sich, steckt ihren Löffel in den Sand und leert ihn in den Eimer. »Wieder einen Löffel für mich, und jetzt wieder einen für dich«, schlägt ihr die Erzieherin vor. Dieses Mal entfernt sich Alma zum Sandholen einige Schritte von der Erzieherin, dann kommt sie zum Eimer zurück. Nach und nach entfernt sie sich immer weiter, um ihren Teil des Sandes zu holen. Wenn sie jetzt zur Erzieherin zurückkommt, lächelt sie.

Grenzen setzen

Die Schachtel mit den Papiertüchern steht auf dem Tisch. Erik ist faszi-
niert davon, dass wenn er ein Tuch herauszieht, an dessen Stelle sofort
ein neues erscheint. Er zieht noch eins heraus, und noch eins, es scheint
immer so weiterzugehen. »Erik, was machst du da?«, *fragt die Erzieherin,*
»wir brauchen die Papiertücher zum Naseputzen. Hör jetzt auf damit, sie
herauszuziehen.« *Erik nimmt eines der nun auf dem Tisch herumliegen-*
den Tücher und fährt sich damit um die Nase. »Gut. Komm, wir werfen es
weg.« *Der Papierkorb ist ein bisschen hoch. Erik stellt sich auf die Zehen-*
spitzen und versucht, das Taschentuch in die Öffnung zu bugsieren, doch
das Taschentuch bleibt oben auf dem Rand liegen. Die Erzieherin stupst
es mit einem Finger hinein. »Immer, wenn du dir die Nase putzen willst,
darfst du dir ein neues Taschentuch holen.« *Erik lässt sich das nicht zwei-*
mal sagen, läuft zur Schachtel hinüber und zieht ein neues Papiertuch
heraus. Er reibt sich mit dem Tuch die Nase und kehrt schnell zum Papier-
korb zurück. Er streckt sich so gut er kann und siehe da: Er hat es geschafft,
das Taschentuch in die Öffnung zu werfen. Er grinst und scheint zu sagen

»Das ist auch ein sehr schönes Spiel!« Und auch bei diesem Spiel gilt es, Grenzen zu setzen (»In den Papierkorb werden nur Dinge geworfen, die wir nicht mehr benutzen können ...«).

Mitspielen

Kim nähert sich einer von den größeren Kindern zurückgelassenen Schüssel, in der sich eine Mischung aus Erde und Wasser befindet. Es sieht so aus, als wolle das Mädchen gerne damit spielen, habe aber Angst, sich die Hände schmutzig zu machen. Die Erzieherin setzt sich neben sie, nimmt eine Hand voll von der Matschmischung, rollt sie zwischen den Handflächen und formt einen kleinen Kloß. Dann hält sie Kim die Kugel auf der flachen Hand hin, um sie ihr zu zeigen. »Eine Kugel. Möchtest du sie haben?« Kim nimmt die Kugel, presst sie zusammen und lässt den Matsch in die Schüssel fallen. »Ah, wir haben uns die Hände schmutzig gemacht«, sagt die Erzieherin lächelnd. »Nochmal?« Sie nimmt sich eine weitere Handvoll Matsch. »Ein bisschen für mich, ein bisschen für dich.« Kim nimmt den Matsch entgegen und knetet ihn. Die Erzieherin formt eine weitere Kugel und lässt sie wieder in die Schüssel fallen. Dann reibt sie sich die Hände, um sie zu säubern. Lachend macht Kim es ihr nach.

Notizen machen

Während die Kinder spielen, setzte sich die Erzieherin hin, schaut zu, hört zu, macht sich Notizen und dokumentiert. Sie erfasst die Nuancen dessen, was geschieht. Das gesammelte Material hilft bei der Beratung

mit den Kolleginnen und dabei, gemeinsam mit den Kindern über ihre Erfahrungen zu sprechen. Es hilft, flüchtige Momente und die Qualität der Erfahrungen, die die Kinder im Garten machen, für die Gespräche mit den Familien festzuhalten.

Einige Kinder manschen mit Wasser und Erde. Die Erzieherin nähert sich der Gruppe. Sie hat eine Kiste dabei, die sie umdreht, um sich darauf zu setzen. In einem kleinen Buch macht sie sich Notizen. Die Kinder sprechen beim Spielen miteinander. Die Erzieherin schreibt das Gespräch auf. »Das sieht aus wie Aa, weiches Aa.« »Das ist Suppe.« »Manchmal ist Aa auch fest.« »Wenn mein Aa fest ist, muss ich viel Obst essen. Dann wird das Aa weich ...«

In der Nacht hat es geschneit, auf dem Boden und auf jeder Oberfläche liegen einige Zentimeter Schnee. Mit dem Tablet macht die Erzieherin Aufnahmen von den Begegnungen der Kinder mit dem Schnee. Jeremy fährt mit der Hand über eine Bank, der Schnee bleibt an einer seiner Fingerspitzen haften. Er zeigt ihn der Erzieherin (und dem Bildschirm): »Ein Schnee-Finger.« Von einem Stein streift er weiteren Schnee ab und steckt ihn sich in den Mund. Er dreht sich zur Erzieherin um: »Er ist heiß.« »Heiß? Nicht kalt?« Jeremy probiert erneut und bestätigt überzeugt: »Er ist heiß.«

Aufräumen anleiten

Vor dem Hineingehen beteiligt die Erzieherin die Kinder am Aufräumen.

»Komm, Kim, bringen wir die Holzklötze zurück und stellen sie wieder im Kreis auf.«

Die unter der Pinie aufgesammelten Zweige werden in einen großen Korb geschichtet, Leonardo und Lisa tragen ihn gemeinsam. Leonardo bleibt stehen und wendet sich wieder der Pinie zu, wo sie einen Schmetterling gefunden hatten, der auf der Rinde saß. Er ruft: »Tschüss, kleiner Schmetterling, wir gehen rein. Bis morgen!« »Bis morgen, kleiner Schmetterling!«, ruft auch Lisa.

Sind die Gummistiefel schmutzig, wird es ein ziemliches Unterfangen, sie zu säubern.

In der Nacht hat es geregnet, der Boden ist matschig und als es ans Hineingehen geht, sind die Stiefel der Kinder sehr schmutzig. Abhilfe ist nötig. In der Gruppe der älteren Kinder beschließt die Erzieherin, das Problem in eine aus mehreren Schritten bestehende »Aktivität« zu verwandeln. Zunächst trampeln alle mit den Schuhen auf den Bürgersteig, um den groben Dreck abzuklopfen. Dann werden die Sohlen mit einer Scheuerbürste bearbeitet. Die Erzieherin hat eine breite, flache Schüssel mit ein wenig Wasser vor die Tür gestellt. Alle steigen nacheinander hinein, um in den Ritzen der Sohle verbliebenen Matsch herauszuwaschen. Jakob steigt aus der Schüssel. »Zeig mir deine Sohlen«, sagt die Erzieherin. »Heb deinen Fuß. Na also ...« Zuletzt streifen alle die Füße auf einem Lappen ab, der hinter der Türschwelle auf dem Boden liegt. Nachdem alle hineingegangen sind, fegt die Erzieherin den Bürgersteig.

Die Handhabung verdreckter Stiefel verlangt Koordination und Zeit. Es wäre einfacher, darauf zu verzichten, in den Garten zu gehen, wenn es draußen sehr matschig ist. Oder zuzulassen, dass der Boden schmutzig wird, ohne sich darüber Gedanken zu machen. Der Wahl, Dreck als Gelegenheit zum Lernen zu begreifen, geht ein zivilisatorischer Grundsatz voraus: Jeder ist selbst verantwortlich für die Abdrücke, die er hinterlässt. Abgesehen davon, dass es Spaß machen kann, erzieht das Säubern der eigenen, matschverschmierten Stiefel zu einem verantwortungsvollen Handeln als Bürger.

EMPFEHLUNGEN FÜR DIE PRAXIS

- Situationen vermeiden, in denen die Kinder »zu allen und zu niemandem gehören«. Mit der jeweiligen Stammgruppe in den Garten gehen. Wenn möglich, mit dieser in einem festgelegten Bereich bleiben, der am besten an den angestammten Gruppenraum angrenzt. Es ist wichtig, »seine Pappenheimer zu kennen«, mit den persönlichen Hintergründen der Kinder, ihren Zu- und Abneigungen vertraut zu sein, zu wissen, wer ermutigt und wer gezügelt werden muss.

- Auf Augenhöhe mit den Kindern begeben, um besser in einen Dialog mit ihnen treten zu können. Ein Bänkchen, einen Holzklotz, ein Kissen, eine umgedrehte Kiste oder eine Decke als Sitzgelegenheit nutzen oder direkt auf den Boden setzen.

- Sind mehrere Erzieherinnen gleichzeitig anwesend, sollten sie sich an unterschiedlichen Stellen aufhalten, sodass verschiedene Bezugspunkte für die Kinder geschaffen werden.

- Insbesondere bei den kleinsten Kindern darauf achten, sich möglichst in der Nähe aufzuhalten. Die Kinder fühlen sich geborgener, wenn sie wissen, wo sich die Erzieherin befindet. Wenn sie wissen, dass sie jederzeit erreichbar ist, können sie sich beruhigt aufmachen, um ihre Umgebung selbstständig zu erforschen.

Beim Hineingehen hilft die Erzieherin den Kindern beim Ausziehen

Dies ist der zweite Teil der Kleidungszeremonie. Wenn es draußen kalt ist, kann das Ausziehen zu einer längeren Sache werden. Es gilt, mehrere Kleidungsschichten aufzuknöpfen und aufzuschnüren, auszuziehen und wegzuräumen. Die Erzieherin muss der Versuchung widerstehen, dies nur, weil es »schneller geht«, für die Kinder zu tun. Der Zweck dieses Moments besteht nicht nur darin, alle Kinder rechtzeitig zum Mittagessen fertig zu haben. Er besteht auch darin, die Selbstständigkeit der Kinder zu fördern und ihr Selbstbewusstsein zu stärken (»Ich kann das«). Wenn wir am Anfang Zeit und Geduld investieren, ist das später auch für uns von Vorteil. Die Kinder werden sich schon bald fast vollständig selbstständig an- und auskleiden können, und wenn sie einmal Hilfe benötigen, können sie jederzeit darum bitten. Manchmal wollen sie auch gar keine Hilfe annehmen.

Teresa sitzt auf dem Boden und will sich die Hausschuhe anziehen. Sie weiß nicht so recht, an welchen Fuß der Hausschuh gehört, den sie gerade in der Hand hält. Sie versucht es erst auf der einen Seite, ist nicht überzeugt und streift den Schuh dann über den anderen Fuß. Die anderen Kinder sind schon fertig und warten. Die Erzieherin greift ein, um die Sache zu beschleunigen.
»Das ist der falsche Fuß, du hattest es vorher schon richtig«, sagt sie, während sie ihr den Schuh über den richtigen Fuß streift. Teresa ist nicht einverstanden. Sie zieht den Hausschuh wieder aus und am falschen Fuß wieder an. Die Erzieherin lässt es gut sein und sagt nur: »Dann zieh dir jetzt auch noch den anderen Hausschuh an. Gut, gehen wir.« Teresa watschelt der Gruppe hinterher.

Zusammengefasst:
Ein tägliches Abenteuer

Historisch wurde der Garten von Erziehungseinrichtungen immer als eine Art Freiluftturnhalle betrachtet, in der auf Standardgeräten (Wippe, Rutsche, Tunnel, Klettergerüst) die Grobmotorik trainiert wird. Wenn wir den Garten schon als eine Art Sportplatz betrachten wollen, muss das Konzept zumindest erweitert werden: Wie wir diesem Buch entnehmen konnten, werden im Garten auch Neugier, Intelligenz, planerische Fähigkeiten, Zuneigung, Sprache und Kooperationsfähigkeit »trainiert«.

Doch vielmehr als ein Sportplatz ist der Garten ein Ort täglicher Abenteuer. Im Garten begegnen die Kinder

- **Herausforderungen** (einem Baum zum Klettern),
- **der Natur** (einem kleinen Tier, das sich auf einem Gullydeckel zusammenrollt),
- **Naturphänomenen** (der Kraft des Windes, der eine leere Schüssel bewegt),
- **Gefährten zum Spielen und Reden** (»Komm, Emma, wir gehen in unser Haus.«),
- **dem Tun der Erwachsenen** (der Erzieherin, die sich auf einen Holzklotz setzt),
- **der Welt jenseits des Gartenzauns** (dem Müllwagen).

Im Garten kommt es, wie es kommt. Der belgische Künstler Folon hat eine Skulptur mit dem Titel »Voyage« (Reise) geschaffen, die diese Idee gut wiedergibt: Ein Mann sitzt still in einem Kahn, der auf dem Wasser treibt. Ruder gibt es keine. Eine Katze, die am anderen Ende des Kahns liegt, hat den Kopf gehoben und blickt ihn an. Im Garten sind wir ein bisschen wie dieser Mann. Wir bewegen uns einfach vorwärts, ohne Ruder und ohne bestimmtes Ziel.

Die Abenteuer im Garten bestehen aus gelebten Geschichten, die immer wieder anders sind und immer in Entwicklung begriffen. Wie die Erzählungen in diesem Buch. In den Geschichten hat die Erzieherin eine anspruchsvolle und komplexe Rolle. Sie schafft die Voraussetzungen dafür, dass die Abenteuer der Kinder fruchtbar sein können. Sie ist ihre »Regisseurin«.

- **Sie organisiert die einzelnen Bereiche** (eine Stelle zum Buddeln).
- **Sie stellt Materialien zur Verfügung** (ein Set mit Gegenständen zum »Werkeln«).
- **Sie begleitet** (Vorhersehend, dass Emilia die Stufe herunterfallen wird, legt sie eine Matratze davor.).
- **Sie ermutigt** (»Komm, das schaffst du!«).
- **Sie tröstet** (Alma ist hingefallen, die Erzieherin nimmt sie in den Arm und gemeinsam schippen sie Sand in ein Eimerchen).
- **Sie setzt Grenzen** (»Keine Papiertücher mehr herauszuziehen.«).
- **Sie spielt mit** (»Eine Matschkugel, möchtest du sie?«).
- **Sie macht Notizen** (Sie schreibt Gespräche der Kinder auf.).

»Die Erzieherin« aus den Geschichten in diesem Buch steht in Wirklichkeit für eine ganze Reihe verschiedener Erzieherinnen. Sie heißen Cristina, Susan, Sabrina, Laura, Zelina, Elisa, Meri, Esther, Angela, Britte, Daniela. Aus den Geschichten geht hervor, dass jede Erzieherin mit jedem der Kinder eine ganz persönliche Beziehung hat. Der Lernort Garten besteht aus Personen: Kindern und Erzieherinnen. Er besteht aus Beziehungen, die Tag für Tag entstehen und die im Laufe der Abenteuer, die gemeinsam erlebt werden, immer weiter wachsen.

»Milan und Marta, helft ihr mir bitte, den Tisch abzuräumen? Danach
gehen wir in den Garten.« Marta hüpft enthusiastisch auf der Stelle »Wir
gehen raus!« »Wir gehen raus!«, wiederholt Milan. Die Nachricht macht
im Raum schnell die Runde. »Wir gehen raus!« »Wir gehen raus!« Die Kinder drücken gegen die Tür, hüpfen herum und wiederholen die Worte wie
ein Singsang.

Postskriptum:
Im Schneckentempo

Vor einigen Jahren wurde in einem gefälschten Tweet die Bombardierung des Weißen Hauses verlautbart. Ein Journalist schrieb dazu: »Zwischen dem ›gehackten‹ Tweet und der Korrektur, die ebenfalls über Twitter erfolgte, sind sieben lange Sekunden vergangen. Was gereicht hat, um die Nachricht auf der ganzen Welt zu verbreiten und um den Zusammenbruch der Wall Street zu verursachen« (A. Aquaro, La Repubblica, 12.05.2013). Das ist sicher ein Sonderfall, doch haben die neuen Technologien unsere Art, Zeit zu verbringen, zweifellos verändert. Die Abläufe haben sich beschleunigt. In diesem neuen Kontext ist es wichtig, eine gewisse Dimension zu erleben, die immer noch gleich bleibt. Die Schnecke kriecht noch immer mit sprichwörtlicher Langsamkeit ihrer Wege, die Narzissen, die draußen im Garten wachsen, sprießen zu Beginn des Frühjahrs, nicht früher und nicht später, die Pfütze trocknet über mehrere Sonnentage hinweg nach und nach aus.

Geschwindigkeit hat ihre Faszination, auch für Kinder. Sie lieben es, den Hügel hinunterzurasen, ohne zu bremsen. Doch sollte Geschwindigkeit weder unsere Erfahrungen noch die der Kinder monopolisieren. Das Leben im Garten ist ein guter Ausgleich zum beschleunigten Leben der Gegenwart, es hilft dabei, einen Sinn für das gesunde Maß zu bewahren. Im Garten können sich die Kinder durch die Langsamkeit bestimmter Prozesse »erden«: Wie weit rückt der Schatten des Gebäudes in »sieben langen Sekunden« vor? Wie weit kommt die Schnecke auf dem Mäuerchen in dieser Zeit voran?

Über die Autorin

Penny Ritscher, geboren in den USA, lebt und arbeitet seit über 40 Jahren in Italien als international anerkannte Expertin für die frühe Kindheit und ist eine pädagogische Fachberaterin für Krippen in der Toskana.

Foto: © Barbara Dietl

Zum Weiterlesen

Penny Ritscher
Nachhaltige Erziehung in Krippe und Kindergarten
Das Slow School Konzept

Bananenblau 2015
144 Seiten, Broschur
ISBN 978-3-942334-46-4

Antje Bostelmann, Michael Fink
Mahlzeiten in der Krippe
Lernchancen erkennen und Essensituationen einfühlsam begleiten

Bananenblau 2014
72 Seiten, Broschur
ISBN 978 3 942334-37-2